La

RÉPUBLIQUE ARMÉNIENNE

PARIS

1920

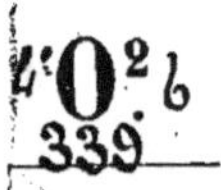

La

RÉPUBLIQUE ARMÉNIENNE

PARIS

1920

LA
RÉPUBLIQUE ARMÉNIENNE

I. — Formation de la République Arménienne

Le territoire de la République Arménienne faisait anciennement partie d'une des Provinces-frontière de l'Empire russe, la Transcaucasie.

En Mars 1917, après que la Révolution russe eut éclaté, le Gouvernement provisoire de Kérensky créa pour la Transcaucasie un conseil administratif spécial, appelé « Comité Spécial pour la Transcaucasie ».

En Novembre 1917, lorsque les Bolcheviks renversèrent le Gouvernement de Kérensky et établirent le régime des Soviets en Russie, la Transcaucasie se refusa à reconnaître l'autorité des Bolcheviks et constitua le Commissariat de Transcaucasie, lequel déclara, le 28 Novembre 1917, son autorité comme suprême en Transcaucasie.

En Février 1918, le « Seim » ou Assemblée Législative de Transcaucasie, se réunit dans la ville de Tiflis, accepta la démission du Commissariat, et institua à sa place un Gouvernement temporaire composé de plusieurs Ministres.

Ainsi, sans avoir fait de déclaration, la Transcaucasie se sépara effectivement de la Russie; toutefois, elle était toujours considérée comme en faisant partie. Mais la situation politique intérieure et extérieure prit une telle tournure qu'elle rendit nécessaire la substitution de la séparation « de droit » à la séparation « de fait », et le 22 Avril 1918, le Seim déclarait la Transcaucasie indépendante de la Russie et un État indépendant sous le nom de République Démocratique Fédérale de Transcaucasie se constitua.

Les trois principaux peuples de la Transcaucasie — les Arméniens, les Géorgiens et les Tartares d'Azerbaïdjan — firent partie de la Fédération, ayant chacun leurs territoires respectifs. Le Seim et le Gouvernement se composaient des représentants des partis politiques choisis parmi les trois nationalités, presque en proportions égales.

Cette République Fédérale de Transcaucasie dura à peine cinq semaines. Son instabilité était due au fait que les tendances politiques des trois nations qui la constituaient étaient différentes, et entraient même en conflit.

Les Arméniens demeurèrent fidèles à la cause de l'Entente et des Puissances associées, et continuèrent la guerre contre la Turquie jusqu'au bout, ainsi qu'on le verra en détail plus loin.

Ces conflits intérieurs devenant de jour en jour plus aigus, il devint impossible pour les Arméniens, les Géorgiens et les Tartares, de travailler en harmonie dans un État unique.

Le 26 Mai 1918, le Seim déclara que la République Fédérale de Transcaucasie avait vécu, et renonça à son autorité. Le même jour, la Géorgie déclarait son indépendance ; deux jours plus tard, le 28 Mai 1918, l'Arménie et l'Azerbaïdjan, déclarèrent également leur indépendance respective.

De ce jour, date l'existence de la République Arménienne.

II. — Constitution de la République

La République n'a pas encore de constitution écrite, cette tâche importante ayant été réservée à la future Assemblée Constitutionnelle qui se réunira dès qu'une Arménie intégrale et Unifiée aura été constituée et lorsque la présente République Arménienne formera une partie de cette Arménie Unifiée et Intégrale.

En attendant, la République Arménienne est basée sur le régime républicain-démocratique et est gouvernée d'après ces principes.

La République a un corps législatif, représenté par un Parlement élu, et une représentation exécutive, consistant en un Cabinet.

La République n'a pas de Président. Les pouvoirs du Président sont actuellement exercés en partie par le Parlement et en partie par le Cabinet.

L'autorité suprème est exercée par un Parlement unique. Le Parlement comprend des députés élus au suffrage universel. Le droit de voter et d'occuper des emplois officiels appartient à tous. Tout citoyen de l'Arménie ayant l'âge requis, a le droit de participer à toutes les élections, quel que soit son sexe ou sa religion. La méthode de vote est directe et secrète, et les élections sont basées sur le principe proportionnel.

Le Parlement actuellement en session, composé de 80 membres, a été élu en Juin 1919, et a commencé à siéger au mois d'Août de la même année. La composition du Parlement sera, à l'avenir, combinée de telle façon que les populations des nouveaux territoires qui seront réunis à la République actuelle seront représentées proportionnellement à leur nombre.

Le Cabinet comprend huit Ministères :

(1) Affaires Étrangères ;

(2) Affaires Intérieures, comprenant la Santé publique ;

(3) Travaux publics ;

(4) Postes et Télégraphes ;

(5) Guerre ;

(6) Finances, comprenant le Commerce et l'Industrie ;

(7) Instruction publique ;

(8) Ravitaillement et Secours, ce dernier étant seulement temporaire.

Le Président du Conseil des Ministres est à la tète du Gouvernement.

Il est élu par le Parlement. Il choisit les Ministres et soumet leurs noms, ainsi que son programme au Parlement. L'approbation donnée par le Parlement au programme ainsi présenté tient également lieu d'approbation pour les Ministres proposés.

Le Gouvernement (le Cabinet) est responsable vis-à-vis du Parlement. Si le Parlement, par un vote de majorité décide le manque de confiance, le Cabinet doit remettre sa démission au Parlement, qui confie la formation du nouveau Ministère à une autre personne.

La langue de la République est l'Arménien, mais les citoyens qui ne la connaissent pas ont le droit d'employer leur langue maternelle ou la langue russe.

Toutes les religions jouissent d'une pleine liberté et de droits égaux sous le régime de notre République.

III. — La Justice

Le système de l'administration judiciaire et de la jurisprudence, tel qu'il avait été établi par le régime russe, a été provisoirement maintenu, sauf lorsqu'il était contraire à l'esprit et à l'ordre d'un système de gouvernement républicain-démocratique. Le Parlement pourra le modifier ou en abroger certains articles.

Depuis 14 mois qu'il dure, le Parlement d'Arménie a décrété certains nouveaux statuts, modifiant ainsi les lois russes en vigueur au moment de la création de la République Arménienne.

IV. — L'Armée

L'armée arménienne est organisée d'après le système russe. Le corps des officiers a été instruit dans des écoles techniques de la Russie, et la plupart des soldats ont déjà servi dans l'armée russe.

La discipline dans l'armée est satisfaisante, et le moral et le patriotisme des soldats arméniens sont exemplaires.

Toutes les armes y sont représentées. Le nombre de soldats sous les drapeaux au mois de Juillet 1919, était de 18.000. Le pays a besoin d'une armée deux fois plus forte, mais le manque d'équipements, d'armes, de vêtements, de nourriture, de fournitures rend l'organisation d'une telle force actuellement impossible. L'équipement des troupes sous les armes en ce moment est déjà très insuffisant ; le soldat arménien supporte les inconvénients de cet état de choses grâce à son courage et à son endurance.

Le service militaire n'est pas obligatoire pour les Mahométans ; il n'y a pas de Mahométans dans l'Armée arménienne.

Le Commandant en Chef de l'Armée Arménienne est le lieutenant-général Nazarbekian, anciennement l'un des plus brillants officiers de l'armée russe, bien connu par ses hauts faits militaires pendant la guerre russo-japonaise et sur le front du Caucase pendant la guerre actuelle.

Le Major-Général Araratian, Ministre de la Guerre, est aussi un officier instruit et expérimenté de l'armée russe, et est très populaire dans l'armée arménienne.

L'État-Major général et les Commandants sont des officiers disciplinés, d'un entraînement militaire parfait, et un grand nombre d'entre eux ont reçu de hautes distinctions militaires du Gouvernement russe.

V. — Finances

Les sources de revenus de la République proviennent d'impôts directs et indirects, et de revenus de propriétés et entreprises de l'État ainsi que de monopoles.

L'impôt sur le revenu existe à un taux moins élevé qu'en temps ordinaire, et les taux sont encore plus bas sur les revenus ayant trait à l'agriculture. Comme le pays a actuellement grand besoin d'articles manufacturés, il n'y a aucun droit de douane sur les marchandises importées ; mais les marchandises fabriquées dans le pays, telles que l'alcool et le tabac, sont frappées d'un impôt indirect.

Les dépenses sont ordinaires et extraordinaires. Dans les premières sont compris le traitement des fonctionnaires, l'entretien des propriétés et les entreprises de l'État ainsi que les frais d'une armée sur le pied de paix.

En plus de ces dépenses ordinaires, l'Arménie s'est trouvée en face de dépenses extraordinaires, dues à l'existence de l'état de guerre et des ravages causés par la guerre. Ces dépenses extraordinaires servent à secourir les victimes de la guerre ainsi qu'à la reconstitution de la vie économique du peuple. On doit donner des vivres, des vêtements et un abri aux orphelins et à ceux qui sont incapables de travailler; les déportés et les exilés doivent être rapatriés; les villages ruinés doivent être reconstruits, et des semences ainsi que des instruments aratoires doivent être fournis aux fermiers dépouillés.

La moyenne du revenu brut mensuel de la République arménienne, pendant les cinq premiers mois de l'année actuelle a été de 1.950.000 francs; la moyenne mensuelle des dépenses ordinaires dans la même période se montait également à 1.950.000 francs, de sorte que toutes les dépenses ordinaires étaient balancées par les revenus de l'État.

D'autre part, dans la même période de cinq mois, les dépenses extraordinaires de la République se sont montées à une moyenne de 4.650.000 fr. par mois. On fit face à ces dépenses extraordinaires au moyen de Bons Transcaucasiens émis et garantis par les trois Républiques de l'Arménie, de la Géorgie et de l'Azerbaïdjan La mise en circulation d'une telle quantité de ces devises a amené une dépréciation de leur taux de change, mais il n'y avait aucun autre moyen de faire face à ces dépenses extraordinaires qui étaient urgentes.

Le peuple a payé sans murmurer, et sans y être contraint, tous les impôts. Au 1er Juin 1919 le 90% des taxes qui étaient dues, étaient rentrées.

Les taxes ne peuvent être imposées que par des actes du Parlement. Aucune somme ne peut être payée par le Trésor, pour les devis soumis par le Gouvernement, sans un acte du Parlement.

Il y a une Commission d'État pour contrôler la légalité des actes et les dépenses du Gouvernement. Cette Commission est complètement indépendante du Gouvernement. Elle est sous la présidence du Contrôleur de l'État, qui est élu par le Parlement et est redevable des comptes au Parlement directement.

Tous les revenus doivent aller au Trésor, et toutes les dépenses sont faites par l'intermédiaire du Trésor.

VI. — Les Établissements d'Enseignement Public

I. Enseignement Primaire. — Dans les villes et les villages de l'Arménie, il existe des écoles communales primaires où les enfants des deux sexes reçoivent leur instruction primaire. Les enfants y sont admis dès l'âge de huit ans, et la durée des études est de cinq ans. Ces écoles sont en général mixtes, c'est-à-dire que filles et garçons se trouvent réunis dans la même classe et y reçoivent ensemble la même instruction.

Le programme d'études dans les écoles primaires comporte les matières suivantes : Langue maternelle, Arithmétique, Histoire naturelle, Géographie locale et générale, Histoire, Dessin, Modelage, Chant.

Par décision du Parlement arménien, l'enseignement a été rendu gratuit et obligatoire.

Les écoles primaires sont régies par les administrations communales et c'est le peuple qui en fournit les frais par l'entremise de ses organes communaux ; dans les circonstances exceptionnelles, l'État participe aux frais.

II. Enseignement Secondaire. — Sous l'ancien régime, le peuple arménien n'avait pas le droit d'avoir des écoles secondaires. Sauf quatre séminaires religieux, toutes les autres écoles secondaires, du temps de la domination russe, étaient des écoles russes, ce qui fait que la jeunesse arménienne était privée du droit de recevoir l'instruction secondaire dans sa langue maternelle. Une ou deux heures seulement par semaine étaient consacrées à l'enseignement de l'arménien, et même ces quelques heures de classe étaient négligées par suite de la mauvaise volonté des directeurs d'écoles, stylés pour des instructions secrètes. C'est ainsi que les écoles secondaires, sous l'ancien régime, constituaient les instruments grossiers de la politique de russification et elles accomplissaient ce rôle au mépris des sentiments du peuple arménien. Ces écoles sont en train d'être nationalisées graduellement depuis la Révolution.

La durée des études secondaires est de six ans et les élèves y sont admis dès l'âge de douze ans.

Il y a plusieurs types d'écoles secondaires : réelle, classique, commerciale, professionnelle et agricole. Toutes dépendent du Ministère de l'Instruction Publique.

Le programme de l'enseignement secondaire est presque le même que celui des écoles correspondantes de Russie avec cette différence qu'aux matières traitant de la Russie correspondent des matières traitant de l'Arménie et quelques autres changements pour adapter le programme à notre milieu, surtout en ce qui concerne les écoles secondaires professionnelles et agricoles. On y enseigne aussi les langues européennes. Le corps enseignant est composé de professeurs diplômés des Universités russes et européennes.

La plupart des écoles secondaires, en dehors de leurs six années d'études, comportent des cours complémentaires pédagogiques et expérimentaux. Ces cours ont pour but la formation d'instituteurs pour les écoles primaires. On enseigne dans ces cours complémentaires la psychologie, la philosophie, la méthode, la didactique, la pédagogie, l'histoire de la pédagogie, etc...

III. Enseignement Supérieur. — Sous l'ancien régime, l'unique école supérieure arménienne était l'Académie d'Etchmiadzine, fondée en 1874. Un grand nombre d'hommes de lettres, de professeurs, de lettrés et de politiciens ayant joué un rôle d'activité nationale, sont sortis de cette Académie. Le gouvernement tsariste a essayé à plusieurs reprises d'abolir cette institution sans y parvenir cependant. On y enseigne la pédagogie, la linguistique, l'économie politique, les éléments du droit, la théologie, les langues européennes, le russe, le latin et le grec. Une annexe de l'Académie contient une très riche Bibliothèque et un musée pédagogique. L'enseignement de l'Académie est gratuit. Un fonds spécial est constitué pour l'envoi, dans les Universités européennes, des meilleurs élèves sortant de l'Académie pour y achever leurs études.

IV. Enseignement Universitaire. — Au mois de Janvier 1920, la première Université d'Arménie a ouvert ses portes à Alexandropol. Il n'y a pour le moment qu'une Faculté de Droit, des cours supérieurs de linguistique et d'histoire naturelle. Le projet d'une Faculté de Médecine est à l'étude. Le corps enseignant est choisi parmi les professeurs arméniens renommés des différentes Universités étrangères.

Le Ministère de l'Instruction Publique a projeté aussi de fonder un Conservatoire de Musique et quelques Universités populaires, ainsi que plusieurs écoles agricoles, techniques et professionnelles.

En dehors de ces institutions d'enseignement public, il existe, en Arménie, plusieurs collèges privés, des écoles et des cours de comptabilité, des jardins d'enfants, privés ou gouvernementaux.

C'est dans ces conditions que se présente l'œuvre scolaire dans la jeune République Arménienne, œuvre très appréciable si l'on veut bien prendre en considération que la population arménienne, durant ces cinq dernières années, n'a cessé de combattre pour son existence contre la barbarie turque.

VII. — Territoire et Physiographie

Le territoire de la République Arménienne, dans ses limites actuelles, comprend les parties suivantes de la Transcaucasie (nous employons les noms des anciennes divisions administratives russes) :

(*A*) La province d'Erivan, en entier;

(*B*) La province de Kars, sauf la partie Nord du district d'Ardahan;

(*C*) La partie sud de la province de Tiflis, comprenant le district entier d'Akhalkalak et la partie sud de Bortchalou;

(*D*) Les parties de la province d'Elizabethpol (Gantzak) comprenant la partie sud des districts de Kazakh et d'Elizabethpol, le district entier de Zanguezour, et les régions supérieures des districts de Djevanchir, de Choucha et de Kariaguine (Djébraïl), connues sous le nom du Karabagh Arménien.

Les limites de la République ne sont pas définitivement fixées. Certaines régions limitrophes sont l'objet de contestations avec les deux États voisins nouvellement formés, la Géorgie qui revendique certaines régions situées dans l'ancienne province de Tiflis, et l'Azerbaïdjan (la Tartarie de la Transcaucasie) qui revendique certaines régions dans l'ancienne province d'Elizabethpol, et qui va même jusqu'à prétendre à certaines parties des provinces d'Erivan et de Kars.

Les territoires mentionnés ci-dessus ont une surperficie de 67.000 kilomètres carrés, ou environ 26.130 milles carrés.

L'Arménie, en général, est une contrée montagneuse. Le large haut-plateau de l'Ararat dans le centre a une altitude de 3.500 pieds, les hautes régions d'Akhalkalak, d'Alexandropol et Kars ont une altitude de 5.500 à 6.500 pieds, et sont coupées par des vallées et des montagnes couvertes de neige (Monts Ararat, Aragats, et plusieurs autres chaînes de montagnes).

Dans la région Nord, l'Arménie comprend le grand lac de Sevan ou Goktcha. Un fleuve imposant, l'Arax, coule vers l'Est, a travers le plateau de l'Ararat, et de nombreux cours d'eau et rivières arrosent le pays.

Le climat de l'Arménie est continental ; il est sec et ensoleillé ; l'été est relativement chaud, l'hiver généralement froid et sévère. Mais le climat est extrêmement sain.

VIII. — Population

Suivant des statistiques officielles russes, le nombre d'habitants sur le territoire de la République Arménienne en 1917, était approximativement de 2.159.000, dont 1.416.000 ou 66 °/₀, de chrétiens. 670.000 ou 31 °/₀ de Mahométans, et 73.000 ou 3 °/₀, de religions diverses.

Cette population était divisée, d'après les races, de la façon suivante :

		Pourcentage.
Arméniens	1.293.000	60
Tartares, Turcs, Turkmènes et Karapapaks	588.000	27
Russes et Grecs.	110.000	5
Kurdes	82.000	4
Yézidis et Tziganes	73.000	3
Géorgiens	13.000	1

Depuis 1917, à cause de la guerre, une partie de la population mahométane a émigré de la République Arménienne, et d'autre part 3oo.ooo Arméniens de l'Arménie Turque ont immigré ou cherché refuge sur le territoire de la République.

Aucune statistique sérieuse ne peut être fournie sur le nombre des morts, des naissances, des émigrants ou des immigrants, durant les deux dernières années.

Suivant les mêmes statistiques russes de 1917, la population arménienne restant dans les limites des deux nouveaux États Transcaucasiens, la Géorgie et l'Azerbaïdjan, se monte à environ 494.ooo habitants. Il y a aussi 270.ooo Arméniens dans le Caucase du Nord, les villes de la côte Est de la mer Noire, et le Sud de la Russie, dont environ 70.ooo réfugiés. Dans l'Arménie Persane, il y a 140.ooo Arméniens.

On peut affirmer sans crainte que la plus grande partie de la population arménienne actuellement à l'étranger attend la première occasion favorable pour retourner en Arménie.

IX. — La Situation économique

La grande majorité de la population arménienne (85 °/₀) s'occupe principalement d'agriculture. Les grandes villes et les importants établissements industriels, à quelques exceptions près, n'existent pas en

Arménie. Les grandes maisons de commerce et les manufactures
arméniennes se trouvent en dehors des limites de l'Arménie, à Tiflis,
Bakou, Rostov, Moscou et Pétrograd.

D'autre part, toutes les branches de l'agriculture et de l'industrie
agricole, telles que la culture du grain, des produits potagers et du coton,
l'élevage du gros bétail et autres animaux, l'industrie vinicole et
laitière, sont très développées. La fabrication d'articles manufacturés se
fait aussi en Arménie, mais sur une petite échelle.

(*A*) **Agriculture**. — La variété du sol et les conditions climatériques
de l'Arménie permettent les exploitations agricoles en tous genres,
depuis le coton et le riz de la vallée de l'Arax jusqu'aux riches pâtu-
rages situés sur les hauteurs des montagnes couvertes de neige.

Les chiffres suivants, d'après des rapports officiels russes, donne-
ront approximativement une idée de l'industrie agricole, et des cultures
spéciales sur les différents terrains d'Arménie :

	Hectares.
Villages et maisons.	32.500
Jardins fruitiers et vignes.	34.600
Fermes.	1.363.000
Fermes à foins.	214.700
Pâturages.	2.228.500
Forêts	113.900

Il ressort, par conséquent, que d'un territoire d'une étendue totale
de 67.000 kilomètres carrés, près de 40.000 kilomètres carrés, ou 59 %
sont employés à des industries agricoles. Dans les 27.000 autres kilomètres carrés, il y a des lacs, des fleuves, des glaciers, des rochers et
des terres qui demeurent incultes. Ces terrains peuvent être utilisés
en tirant parti des projets d'irrigation existants, qui sont parfaitement
réalisables, mais auxquels le Gouvernement Impérial de Russie avait
toujours opposé des obstacles pour des raisons politiques.

Pendant l'année 1914 (la dernière année normale avant la guerre),
734.000 hectares sur les 1.363.000 hectares de fermes, ont été employés
à la culture du grain. La quantité brute de blé et d'orge ensemencée au
printemps et à l'automne, était approximativement de 15.000 tonnes.

En plus du blé et de l'orge, les principaux produits de l'Arménie sont le riz, le coton et le raisin.

Avant la guerre, la production annuelle des fermes en Arménie était de 10.600 tonnes en riz; d'environ 8.100 tonnes en coton ensemencé, et de 69.000 tonnes en raisins.

Les meilleures qualités de vin et d'alcool sont fabriquées avec du raisin. La production annuelle est d'environ 315.000 hectolitres en vins et d'environ 1.880 000 hectolitres en alcool.

(*B*) **Élevage du bétail**. — L'élevage est une branche importante de la vie économique en Arménie, qui suit immédiatement celle de l'agriculture. Avant la guerre, il y avait en Arménie 106.700 chevaux. 42.800 mulets et ânes, 1.243.000 têtes de bétail et 1.859.000 moutons.

Ces chiffres indiquent l'extension de l'industrie agricole et les têtes de bétail en Arménie avant la guerre, en temps normal. Durant la guerre, le pays a été presque ruiné et toute industrie détruite. Un grand nombre de villages ont été dévastés, les jardins fruitiers détruits, les fermes ont dû être abandonnées. Le bétail a presque complètement disparu, soit qu'il ait été emmené en Turquie par les Turcs, soit qu'il ait été décimé faute de fourrage, soit qu'il ait été abattu par les Turcs pour se nourrir.

(*C*) **Produits minéraux**. — L'Arménie possède un sous-sol très riches en toutes sortes de minéraux, mais qui n'a pas été exploité, par suite de l'absence de capitaux et du manque d'initiative. Pourtant des mines de cuivre ont été exploitées jusqu'à un certain point, la production annuelle se montant à environ 6.500 tonnes de cuivre purifié. Au second rang, viennent les minerais de sel, en très grande quantité dans les montagnes de Kaghizman et de Koulp, mais leur exploitation a été limité à une production annuelle de 18.000 à 20.000 tonnes, à cause du manque des moyens de transport.

L'extraction des pyrites de fer a été commencée durant la guerre. mais dut être abandonnée à cause du retrait de l'armée russe. Durant l'année 1917, près de 57.000 tonnes de pyrites de fer ont été extraites.

D'autres gisements ont été découverts en 450 points différents mais n'ont pas encore été exploités.

(*D*) **Chutes d'eau**. — L'Arménie, principalement dans sa partie centrale, ne produit que de très faibles quantités de bois nécessaire au chauffage et à la construction. Il y a des mines de charbon dans la région d'Olti, mais elles ne sont pas exploitées.

Dans les limites actuelles de la République, on n'a pas encore découvert de pétrole. Par conséquent, l'Arménie est absolument dépourvue de combustibles. Mais, d'autre part, elle possède de grandes ressources en chutes d'eau pour l'industrie. Les principaux cours d'eau et chutes peuvent déjà fournir une force motrice d'environ 9 millions de HP, quantité de beaucoup supérieure à celle qui est nécessaire aux besoins du pays. Cette force motrice est utilisable de suite dans toutes les parties de l'Arménie.

(*E*) **Voies de communication**. — L'Arménie a très peu de moyens de communication. L'étendue totale des voies ferrées est de 564 kilomètres. Les transports sont presque inexistants, à cause du manque de locomotives et wagons nécessaires, et aussi en raison des difficultés créées par l'Azerbaïdjan pour le transport du pétrole de Bakou en Arménie.

La longueur totale des routes macadamisées est de 1.463 kilomètres. Les communications à travers ces routes sont également très peu développées en raison du manque d'animaux de trait et de voitures automobiles.

X. — La Vie dans la République pendant les seize derniers mois

La République Arménienne est née, a vécu et continue à vivre dans des conditions extrêmement difficiles.

La longue guerre a dévasté et ruiné la contrée. Pendant quatre années, sans arrêt, la plus grande partie de l'Arménie a été le champ d'opérations militaires, soumise à tous les maux de la guerre, rendus encore plus atroces par les méthodes employées par les Turcs.

Dans le cours de ces quatre années, tout travail a complètement cessé en Arménie. Sans parler d'autres circonstances défavorables, nous ne mentionnerons ici que l'absence de travailleurs. Toute la jeunesse arménienne s'est battue pendant quatre années et les adultes restés dans leurs foyers ne purent rendre que peu de services, car eux aussi souffraient des conditions créées par la guerre.

Pour comprendre la situation du pays, deux facteurs doivent être pris en considération.

En premier lieu, les Arméniens de Russie n'ont pas seulement donné à l'armée russe près de 180.000 soldats, d'après les lois du service militaire, mais aussi depuis le commencement de la guerre, ils ont formé des contingents spéciaux de volontaires ; et après Novembre 1917, lors de l'effondrement de l'armée russe, les Arméniens seuls tinrent le front contre la Turquie. C'est ainsi que pendant quatre ans, la jeunesse arménienne a été constamment engagée dans des combats.

Puis la guerre a été engagée en Transcaucasie non seulement sur le front contre les Turcs, mais aussi à l'arrière, à l'intérieur, contre les Tartares indigènes. Les Tartares de la Transcaucasie, sous les lois russes, étaient exempts de service militaire ; par conséquent, la jeunesse tartare, capable de porter les armes, demeura à l'arrière, chez elle ou chez les Arméniens, tandis que la jeunesse arménienne se battait partout. Les Tartares, soulevés par des émissaires secrets de la Turquie, tenaient l'arrière dans un état d'agitation et de crainte constantes, afin d'empêcher les opérations du front. Ils accomplissaient des raids dans les villages arméniens, tuaient les habitants et pillaient leurs maisons. De sorte que ceux des Arméniens restés dans leurs foyers, furent obligés, au lieu de se consacrer au travail, de se défendre contre ces attaques et de poursuivre une guerre de guérillas contre les Tartares.

En Novembre 1917, lorsque les forces russes abandonnèrent le front du Caucase et retournèrent en Russie, les Tartares, ouvertement, firent cause commune avec la Turquie ; les Géorgiens engagèrent des négociations avec l'Allemagne et restèrent dans une position neutre vis-à-vis des belligérants ; seuls les Arméniens continuèrent à tenir le front contre la Turquie.

De Novembre 1917 à Mars 1918, pendant six mois sans arrêt, les forces arméniennes, réunies hâtivement et organisées dans des conditions difficiles, parmi l'anarchie et la confusion, combattirent les Turcs au front et les Tartares à l'arrière. Se retirant devant des forces supérieures, les Arméniens battirent en retraite pas à pas, gardant une arrière-garde de combat d'Erzingian et Mamakhatoun, à travers Erzeroum jusqu'à l'ancienne frontière russo-turque, et protégeant en même temps les populations arméniennes civiles qui fuyaient vers le Nord, sous la menace des massacres turcs.

L'armée turque victorieuse, fortifiée par deux divisions du front Syrien, ne s'arrêta pas à la frontière, mais se rua vers le Caucase. Les forces arméniennes battirent en retraite et se fortifièrent à Kars, lorsqu'elles reçurent l'ordre du Gouvernement Transcaucasien, à la tête duquel se trouvaient les Géorgiens, de rendre Kars aux Turcs et suivant le traité de Brest-Litovsk, d'établir la ligne à Alexandropol.

Avec l'armée en retraite des Arméniens, il y avait les réfugiés de l'Arménie Turque et de Kars qui surpeuplèrent le district d'Alexandropol. Mais la Turquie, sans tenir compte des termes du traité de Brest-Litovsk, ne s'arrêta pas à la frontière assignée dans ce traité, et par Alexandropol, se dirigea dans deux directions : à l'Est, vers la plaine de l'Ararat, et au Nord, vers Bamback et Lori.

Les forces arméniennes et le peuple arménien, hommes et femmes, résistèrent sans défaillance à la poussée des Turcs. En Mai 1918, deux batailles sanglantes furent livrées à Karaklisa (Bambak) et à Sardarabad (Ararat) où l'avance des Turcs fut arrêtée d'une façon décisive, en conséquence de quoi le Gouvernement Turc reconnut l'indépendance de l'Arménie sur un territoire très restreint.

La Turquie fut obligée d'agir ainsi à cause de la résistance organisée par les Arméniens au delà des limites de l'Arménie, principalement dans la province de Bakou. Au début de 1918, 10.000 Arméniens, officiers et soldats, qui avaient quitté les armées russes après la Révolution et voulaient retourner en Arménie, furent réunis à Bakou. Mais les Tartares ayant coupé les lignes de communication, ils furent obligés de rester à Bakou en état de siège

En Mars, lorsque les forces turques commencèrent leur avance vers le sud, les Tartares, à l'instigation des Turcs, essayèrent de désarmer les soldats arméniens ainsi que la garnison russe à Bakou. Les Arméniens, unis avec les Russes, se soulevèrent, détruisirent les forces tartares et conquirent la ville de Bakou ainsi que la région pétrolifère.

Les Tartares armés, quoique de beaucoup supérieurs en nombre aux forces russo-arméniennes, étant incapables d'en venir à bout, implorèrent une aide de l'armée turque. Les Turcs, d'autre part, étaient impatients d'occuper Bakou et la région pétrolifère, et y étaient poussés par l'Allemagne qui avait un grand besoin de combustibles. La résistance opiniâtre et désespérée des Arméniens en Arménie avait empêché l'avance de l'armée turque sur Bakou. La Turquie fut obligée de protéger l'arrière de son armée afin de pouvoir atteindre Bakou.

Incapable de briser la résistance de l'Arménie, la Turquie fut obligée de signer un armistice avec elle et de reconnaître son indépendance, afin de pouvoir concentrer ses forces à Bakou. Bakou résista jusqu'à mi-Septembre 1918, quand une armée turque de 24.000 hommes, sous le commandement de Khalil-Pacha, aidée par les Tartares, occupa la ville et la région pétrolifère.

Voici quelle était la situation, lorsque le Gouvernement Arménien s'installa à Érivan, en Mai 1918 :

L'armée turque avait occupé la plus grande partie de l'Arménie du Caucase et avait placé ses canons à tir rapide à 7 kilomètres d'Erivan.

L'Azerbaïdjan (la Tartarie ou le Tartaristan de la Transcaucasie) comptant sur la présence de l'armée turque, pressait les frontières Est et Nord de l'Arménie et menaçait de passer le peuple Arménien au fil de l'épée.

La Géorgie avait accepté la protection allemande : elle avait bien accueilli les troupes allemandes, et avec leur aide, avait occupé au nord-ouest de l'Arménie deux provinces exclusivement arméniennes : Akhal-kalak et Lori.

L'Arménie demeurait seule, entourée d'armées hostiles, sans aide et sans soutien de l'extérieur.

La situation intérieure du pays était désespérée. Plus de la moitié de la population se composait de réfugiés, sans nourriture, sans vête-ments, sans abri. Les villages et les fermes avaient été ruinés et les travaux de culture avaient cessé. Les paysans étaient forcés d'employer le grain destiné aux semailles pour leur propre besoins et de tuer le bétail destiné au labour, afin de pouvoir se nourrir. La famine dans toute son horreur, avec les maladies contagieuses qui l'accompagnent, prin-cipalement le thyphus exanthémathique, accabla le peuple. Les médica-ments étaient rares et les pharmacies vides.

Les relations avec le monde extérieur avaient cessé, parce que les Turcs tenaient l'unique voie ferrée. L'importation de marchandises était nulle toutes communications ayant été coupées avec la Russie, la Perse, l'Europe et les pays voisins; la Géorgie et l'Azerbaïdjan n'avaient pas de marchandises en surplus à exporter.

Les marchandises de toutes sortes faisaient défaut, il manquait même du pétrole pour l'éclairage et du papier pour les administrations officielles.

Le mécanisme gouvernemental du régime russe était brisé, toutes les fonctions administratives dans un état de désordre déplorable. C'é-taient l'anarchie et le chaos. Il était nécessaire de recommencer et d'édifier une nouvelle vie nationale sur les ruines de l'ancienne.

En Décembre 1918, en conformité avec les conditions de l'armistice signé avec les Puissances Alliées, l'armée turque fut obligée d'évacuer la Transcaucasie, y compris les territoires de l'Arménie Russe. Les Turcs se retirèrent, mais auparavant, ils achevèrent de dévaster le pays qui n'avait été ruiné qu'en partie.

Ils emportèrent avec eux tout ce qu'ils purent (wagons, grain, four-rages, coton, cuir, animaux domestiques, automobiles, instruments télégraphiques et téléphonique, outils et machines des usines et ateliers, jusqu'aux portes et châssis de fenètres), et ce qu'ils ne purent prendre, ils le détruisirent.

Avec le départ des Turcs, le territoire de la République Arménienne s'agrandit, et les dangers de complications extérieures diminuèrent. Mais le Gouvernement se trouva aux prises avec de nouvelles difficultés, car il fallait rétablir l'ordre et la paix dans le nouveau territoire, et secourir les populations qui avaient été pillées et appauvries.

C'est dans ces conditions que la République vécut la première année de sa vie.

Le Gouvernement arménien, soutenu par l'enthousiasme et le courage de la nation arménienne, fit face à cette situation. Il comprit les besoins pressants du peuple, et maintint une politique ferme et virile, c'est-à-dire qu'il sauva les populations de l'extermination et créa les premiers rouages d'une organisation administrative. Il assura ainsi les bases de l'indépendance arménienne. C'est cette conception de son devoir que le Gouvernement soumit au Parlement qui l'approuva.

Conformément à ce programme, le Gouvernement arménien dans le cours d'un an :

(1) Organisa une police centrale et locale, pour protéger la vie des citoyens et les moyens de communication.

(2) Réorganisa le système judiciaire et recommença les sessions régulières des tribunaux.

(3) Réorganisa l'armée, petite par le nombre, mais grande par son moral et sa discipline.

(4) Rouvrit les écoles.

(5) Rétablit, autant que possible, les communications postales, télégraphiques et téléphoniques.

(6) Rétablit, dans une certaine mesure, les communications par voie ferrée, devenues presque impossibles parce qu'elles avaient été détruites par les Turcs, et parce que les locomotives et les wagons nous manquaient.

(7) Remit les finances en ordre, et organisa un système d'imposition et de perception d'impôts.

(8) Réorganisa et rétablit les institutions médico-sanitaires pour lutter contre les épidémies.

(9) Consacra toute son énergie et ses efforts au relèvement du peuple affamé et dépourvu de tout, et à la reconstitution de la vie économique qui avait été ruinée; plus de la moitié du budget fut dépensé dans ce but.

Les résultats des travaux du Gouvernement sont loin d'être suffisants. Il y a encore beaucoup de besoins urgents qui retiennent l'attention. Mais si l'on considère les conditions exceptionnelles au milieu desquelles le Gouvernement a travaillé, il n'est pas exagéré de dire que ces résultats ont été plus grands que ceux que l'on pouvait demander ou espérer. Pendant cette année, la République Arménienne a donné des preuves suffisantes de sa stabilité et a montré la capacité du peuple arménien à se gouverner lui-même.

Il y avait, il y a encore en Arménie, des conditions qui provoquent l'anarchie. Mais elle ne s'en préoccupe pas. Un système gouvernemental légal et régulier est établi d'une façon ferme. Les lois sont respectées. L'Administration opère d'une façon aussi satisfaisante que possible.

Le peuple a vite apprécié toutes ces institutions démocratiques et est attaché au gouvernement; les soldats, quoique exténués par des luttes sans fin et privés d'objets de première nécessité, sont disciplinés et défendent la Patrie avec héroïsme.

La population malgré sa détresse, a prouvé son intrépidité et son patriotisme à un degré illimité. L'idée d'une Arménie indépendante a tellement stimulé leurs âmes, qu'ils étaient prêts à supporter tous les sacrifices, toutes les privations, pour consolider cette indépendance. Par un instinct merveilleux, ils ont compris la grande signification de l'acte qui était accompli et s'abstiennent de rendre plus difficultueuse la tâche du Gouvernement.

C'est seulement par cette dévotion et par ce patriotisme du peuple que s'explique le fait que la République Arménienne a passé la première année de sa vie sans troubles intérieurs et sans désordres, et le Gouvernement a ainsi pu rétablir l'ordre et se consacrer à la reconstitution nationale.

En liaison avec ce qui précède, nous n'oublions pas de mentionner que la République Arménienne a reçu une aide économique de l'Amérique, notamment en farine dont elle a reçu de fortes quantités depuis Avril 1919. La République a aussi reçu des fournitures variées des Comités de Secours du Proche-Orient, et cette aide a considérablement contribué à l'allègement des souffrances provoquées par la guerre et la cruauté de l'ennemi.

XI. — Déclaration d'Indépendance de l'Arménie Unifiée

Le Gouvernement de l'Arménie, le 28 Mai 1919, jour anniversaire de la déclaration d'Indépendance de la République Arménienne, a proclamé l'Indépendance de l'Arménie Unifiée.

Voici ce document historique :

Pour reconstituer l'Arménie dans sa totalité et pour assurer l'entière liberté et la prospérité du peuple arménien, le Gouvernement de l'Arménie, fidèle interprète de la volonté unanime du peuple arménien et du désir exprimé par lui déclare, qu'à dater d'aujourd'hui, les différentes parties de l'Arménie qui avaient été séparées jusqu'à maintenant sont réunies à jamais en une unité d'État Indépendant.

Il y a un an exactement, le Conseil National Arménien élu par la Conférence des Arméniens de Russie, avait déclaré qu'il était le pouvoir suprême des provinces arméniennes de la Transcaucasie. Le Gouvernement issu du Conseil National Arménien, après avoir notifié officiellement cette déclaration aux représentants des Puissances, a établi, durant l'année écoulée, son pouvoir de fait sur les provinces arméniennes de la Transcaucasie.

Le deuxième Congrès des Arméniens de l'Arménie Turque, réuni à Erivan, au mois de Février 1919, a proclamé solennellement qu'il ne reconnaissait que l'Arménie Unifiée et Indépendante.

Actuellement, en faisant la proclamation d'Indépendance et l'Unification des territoires arméniens de la Transcaucasie et de l'Empire Ottoman, le Gouvernement de l'Arménie déclare que la forme de Gouvernement de l'État Intégral est la République démocratique, et, d'autre part, il se proclame comme étant le Gouvernement de la République Arménienne Unifiée.

Ainsi, c'est le peuple de l'Arménie qui est aujourd'hui le maître suprême de la Patrie reconstituée, et, le Parlement ainsi que le Gouvernement de l'Arménie constituent le pouvoir législatif et le pouvoir exécutif du peuple libre et souverain.

Le Gouvernement de l'Arménie fait cette proclamation en vertu de la résolution du 2 Avril 1919 du Parlement, qui lui a conféré un mandat spécial.

XII. — Le besoin pressant d'une aide extérieure

Le territoire et le peuple d'Arménie ont tout ce qui est nécessaire pour former un État Autonome.

Le pays est riche en ressources naturelles, le peuple peut rapidement atteindre le plus haut point de la civilisation moderne, est respectueux des lois, industrieux, entreprenant et économe. Il y a une classe rurale opiniâtre et saine, fermement attachée au sol et accoutumée aux travaux agricoles de tous genres. Il y a un grand nombre d'artisans et d'ouvriers qui, depuis des siècles, détiennent tous les arts et toutes les branches du commerce en Transcaucasie, et principalement dans la Turquie d'Asie. Il y a une classe de gros et de petits négociants, ce qui démontre l'habileté des Arméniens à développer et à diriger le commerce et l'industrie sur les mêmes bases que dans les pays les plus civilisés. La classe intellectuelle est très nombreuse, comprenant des milliers de spécialistes et professionnels, instruits dans les Universités d'Europe et d'Amérique, très compétents dans la direction des différentes affaires d'État. Enfin, il y a des militaires et des officiers de tous rangs qui ont reçu leur instruction et leurs grades dans l'armée russe et ont la compétence requise pour commander une armée régulière et disciplinée.

L'avenir économique et financier du pays est assuré. La République, dans un pays dévasté et ruiné, sous les conditions les plus désespérées, a fait face à ses dépenses ordinaires avec ses revenus ordinaires. Ce même état de choses existait déjà avant la guerre, sous le régime russe, lorsque les revenus impériaux d'Arménie étaient beaucoup plus importants que toutes les dépenses impériales sur ce territoire.

Suivant des statistiques officielles de l'Administration des chemins de fer, la valeur brut de toutes les importations en Arménie était bien inférieure à l'exportation; c'est-à-dire que l'Arménie produisait plus qu'elle ne consommait. Pendant les années qui ont précédé immédiatement la guerre, alors que l'Arménie recevait une partie de farine de la Russie du Sud, elle exportait, d'autre part, son surplus de riz, de coton, de soie, de fromage, de beurre, de fruits secs, vin et alcool.

Mais si l'Arménie a toutes les ressources pour une vie nationale, elle a besoin, en cette période critique de convalescence et de renaissance, d'une assistance amicale de la part des nations étrangères, pour l'aider à se réorganiser et à se développer.

Ces besoins de l'Arménie sont toutefois moindres que ceux éprouvés par d'autres pays lors de leur formation. Aujourd'hui, l'Arménie est déjà organisée et préparée pour une vie nationale bien plus que ne l'étaient la Grèce, la Serbie, la Bulgarie ou la Roumanie durant les cinq premières années de leur indépendance. Les besoins extérieurs de l'Arménie sont bien plus restreints que ne l'étaient ceux de ces pays en leurs années d'enfance.

La Reconnaissance de fait de l'État Arménien
par la Conférence de la Paix

La Délégation de la République Arménienne à la Conférence de la Paix a reçu du Secrétariat Général de la Conférence de la Paix le 28 Janvier 1920, la notification suivante :

« Le Secrétariat Général de la Conférence de la Paix a l'honneur de faire connaître à Monsieur le Président de la Délégation de la République Arménienne que, dans sa séance du 19 Janvier 1920, les Chefs des Gouvernements de France, de Grande-Bretagne et d'Italie, ont pris la résolution suivante :

Il est décidé :

1°. Que le Gouvernement de l'État arménien sera reconnu comme Gouvernement de fait ;

2°. Que cette reconnaissance ne préjugera pas la question des frontières éventuelles de cet État. »